AF607205

LAS HOJAS, LA BRISA Y LA LUZ
DANZA LAS SOMBRAS

HUGO MUJICA

LAS HOJAS, LA BRISA Y LA LUZ DANZA LAS SOMBRAS

XXXVIII Premio Internacional de Poesía
Fundación Loewe

VISOR LIBROS

VOLUMEN MCCXCIX DE LA COLECCIÓN VISOR DE POESÍA

Los miembros del jurado fueron: Víctor García de la Concha (Presidente), Gioconda Belli, Antonio Colinas, Aurora Egido, Juan Antonio González-Iglesias, Raquel Lanseros, María Negroni, Carme Riera, Jaime Siles, Luis Antonio de Villena y Javier Velaza (ganador de la anterior convocatoria).

Foto de cubierta: Gorka Alda

Isaac Peral, 18 - 28015 Madrid
www.visor-libros.com

ISBN: 979-13-87745-99-8
Depósito Legal: M-3005-2026

Impreso en España - Printed in Spain
Gráficas Muriel. C/ Investigación, n.º 9. P. I. Los Olivos - 28906 Getafe (Madrid)

Porque en cada lugar donde antes era
sombra el tiempo,
ahora la luz espera ser creada.

CLAUDIO RODRÍGUEZ

A Matías Lucchesi

UNO

I

¿Cómo decir
que todo es luz,
que cada ahora es
un alba?
¿Cómo decirlo
en silencio
para escucharlo
sin sombras?

DOS

II

Sol de otoño, las vides
regalarán sus granos,
escanciaremos vinos
y reiremos penas:

abierta la herida
toda sangre es sangre
hermana.

III

No es lo terso
de una frente sino
los surcos
que la marcan
los que revelan
lo cosechado;

ni es por pisar
suelo firme
sino por andar descalzo
que la tierra
es tierra fértil:
que en nosotros
brota vida.

IV

Cada alba una orilla
con su otra orilla
en la noche,
y en medio,
sin hontanar
ni desembocadura,
esta huella
de todos o tal vez
surco de nadie:
este río del tiempo
que hace con nuestro
pasar su cauce.

V

Igual que cuando niño,
tiré una piedra al río
y la vi expandir ondas
que chispeando
sol se diluían;
y así, en puro juego,
vislumbré en lo fugaz
consumarse
la hermosura.

VI

Solo los versos
borrados no dejan
ecos ni a nadie
nombran:
palimpsesto
de silencios,
quizás un poema
sagrado.

VII

Pocos ven su belleza
y también la espina
la tiene

no pocas veces
una herida es la
rosa.

VIII

Como un vórtice
de polvo o el centro
de un remolino,
soy el abrazo
que me abarca,
soy el otro que en mí
se nace.

IX

Pasa el viento
dando alas
al vilano
y así lleva a tierra
su siembra;

pasa sin otro horizonte
que el que su
vuelo abre,

pasa y da a unos la errancia,
regala a otros la deriva,
y juega, con cada uno,
a crear un destino.

X

Estalla
la tormenta
y hace
de la arboleda su caos
y del estruendo
mi pasmo;
después, llegado el sosiego,
tan límpido quedó
el aire
que puedo vislumbrar,
entre tanta hojarasca,
cómo ninguna hoja
cayó antes de su ahora,
cómo nunca nada yace
fuera de su ahí.

XI

Hay que resguardar
la noche, no encender
una antorcha
porque hay caminos
que solo alumbran
las sombras
y atajos que solo
la entrega
abre.

XII

Como si de tan
blanca volara
cae callada
la nieve
cae blanca
sobre el río
y hacia el mar se
transparenta.

XIII

¿Y de dónde
esta plenitud
en el vacío
de una herida?
¿esta revelación
del silencio
dicha con las palabras
que callo?

TRES

XIV

Hay ramas
que se secan
sin desprenderse
y estrellas
de las que aún
vemos su luz
pero ya no laten tras ella:
es que la muerte
no es al final,
es vivir sin estar
naciendo.

XV

Aun cuando nadie
lo escuche
el mar retumba
y aunque a nadie moje
la lluvia cae.

Solo entre nosotros
no se cumple
en sí
lo más propio:
si no resuena
en otros
para nadie
es nuestro aliento,
solo aire las palabras.

XVI

A veces,
sin alas ni trino,
me pasa el volverme
pájaro,
a veces, cuando
el desvarío, el deseo
o el milagro.

XVII

Basta un mínimo
soplo y la vela
vacila su llama
o la quietud
de un instante
para recobrar su altura:
entre el miedo
y la esperanza
el temblor de la vida,
la ternura de
lo frágil.

XVIII

Todo pasar es entre
dos orillas: el llegar
y la partida,
y en medio, en nuestro
mientras tanto,
este andar entre
otros ciegos
mendigando sus
miradas.

XIX

A campo abierto,
ebrios de noche
y brisa

cada estrella
tiembla su luz,

cada humano
sueña su alba.

XX

Entre todos
los animales
solo el humano
no anda desnudo;

de todo lo que late
solo él es para sí mismo
su extraño.

XXI

Vi un niño
bajo la lluvia
chapotearla
carcajadas,

vi el paraíso
y me supe perdido.

XXII

Nadie debiera decir rosa
si una espina no lo ha
herido,
nunca tendríamos que
mentirnos nombrando
lo que no
sangramos.

XXIII

Es en su propia luz
que vislumbramos
encenderse el alba,
como es en su mismo
aleteo que vemos
abrir al pájaro
la libertad
en la que vuela.

XXIV

Tanta hondura
tiene el silencio
como desnudo
de sí quien
lo escucha

tan sin ecos
las palabras como
quien al decirlas
de sí mismo calla.

XXV

La soledad
de una vida
nunca es tan solo
la suya,
es la de todas las otras
a las que les falta
esa vida.

XXVI

Vi un pez ahogarse
sobre la arena
apenas a pasos del mar
en el que nadó su vida,
de la hondura
en que la respiraba;
otro era el naufragio,
otra la sed y el exilio,
y a la vez, tan ajeno
como hermano.

XXVII

No es la altura
ni el derrotero
ni el agitar de
sus alas:
lo abierto en
lo que vuela el
pájaro
hace infinito su
vuelo.

XXVIII

Una rama se quiebra
y es un réquiem lo
que escucho:

ese instante, ese crujido,
nombra todas las
partidas.

XXIX

Hay miradas
que traslucen
ese titilar de estrellas
que dilatan
las pupilas;

son a imagen
de los ciegos
que ni saben de su sombra
ni conocen su reflejo,

son los ojos
de esos seres
que miran
sin buscarse.

XXX

¿De qué aleteo
esta brisa?
¿este roce de pájaros
que ni llegan ni pasan,
esta ansia de vuelos
entre latido
y latido?

CUATRO

XXXI

El fuego se enciende leño
y el leño lo enciende
fuego,
uno a otro se da a luz,
uno en el otro
se apaga.

XXXII

Hay una hendidura
en la carne que
algunos llamamos
alma,
es con lo que ella
respira:
respira luz,
no solo aire.

XXXIII

Corre el río,
con lo que atraviesa suena,
de lo que encuentra
canta.

Todo es pasar y vano
este querer negarlo,
este miedo a morir
que nos amordaza
el canto.

XXXIV

Flujo y reflujo
el mar se ondea
y en su agitarse
se encierra;
solo en la espuma
se redime de sí,
solo en ella
se abandona
al viento.

XXXV

La poesía
habla siempre
de una sola espiga,
aunque diga
de cosechas,
aunque nombre
gavillas.

XXXVI

Sí, en la intemperie
y al viento
tiene corta vida
la llama,
pero no se extingue
ensimismada:
va y viene como si fuera
el mar y en mar abierto
se apaga.

XXXVII

En cada pétalo
que abre regala
su belleza,
en cada uno que cae
de ella misma
se desnuda:
pétalo a pétalo
vuelve a su nada
la rosa.

XXXVIII

Fue en un rojizo
anochecer,
y fue solo de paso:
dos o tres gorjeos
antes de alzar
su vuelo
y caí de rodillas
como si al fin todo
                    se me hubiese revelado,
            y lloré este gozo,
                                lloré la vida,
                                        lloré por nada.

XXXIX

Hay trigales
a los que nunca onduló
el viento:
desnudeces
    que no fueron acunadas,

y hay estrellas
que caen
sin que nadie
las mire, que se apagan
                        sin encender un deseo:
                                    es lo huérfano de vida,
                                                lo sin lo otro,
                                            lo incumplido.

XL

No solo de agua,
también de luz
donde florecer y darse
es la sed de las
raíces

no solo ser escuchado
sino una voz
que lo revele
es lo que el silencio
desea.

XLI

El fuego es la única luz
desde abajo hacia
lo alto,
luz hacia la luz
y a ras de tierra
las sombras
que ella misma enciende,
las sombras con las
que danza.

XLII

Nunca el viento equivoca
su vuelo ya que jamás
se lo traza
ni adivina el sol las nubes
a las que dará color su ocaso;
solo saben lo que
van sabiendo:
lo que encuentran
sin buscarlo.

XLIII

No solo entre
lejanas cumbres
se bordean los abismos,
a veces son tan cercanos
como el de la piedad
que pide el mundo
en la mirada de un perro
en esta invernal
mañana.

XLIV

Como una herida
que ni sangra
ni cicatriza,
o lo que sin morir
ya no vive,
un río seco es el cauce
de su propia ausencia

—es que un río seco,
aun sin agua,
puede ser nuestro
reflejo—.

XLV

El retoño
y la hojarasca:
la tierra da y lo que da
acoge.

No es la vida
la que muere,
morirá el llamarla
mía.

XLVI

A lo lejos,
la risa de niños
que juegan,

el ladrido
de algún perro,
y no menos, algún dolor
se susurra,

y aquí, en el viento
que la acerca,
esta rapsodia
que la vida entona,
esta gratitud
con que mi ser
la canta.

XLVII

Cae la tarde
sobre la playa
en este hoy
sin quizás mañana,

lejano,
se hunde el sol
donde el mar
ya es igual al cielo
o tal vez a un mismo
vacío,

cae la tarde
e imperceptible
la vida pasa

como este hoy,
                    este ahora,
                                    como yo,
                                                como lo humano.

XLVIII

Más y más lejana
la luz acompasa
el oleaje que
enrojece,

es el ocaso: el adiós
y el tal vez,
es la entrega
la desnudez
y el olvido.

XLIX

Hay mendigos
que no piden nada

son custodios del silencio
testigos de esa
nada.

CINCO

L

En el origen fue la luz
y al final será el
principio,

pero sin aferrar la luz,
sin hacer de ella mi
sombra.

ÍNDICE

UNO

DOS

TRES

CUATRO

CINCO

Esta primera edición de *Las hojas, la brisa y la luz danza las sombras* se acabó de imprimir en Madrid el 24 de enero de 2026, Día Internacional de la Educación.